"一带一路"这五年的故事

# 设施联通
# 全球发展阶梯

刘伟 主编

# 导言

有着乌兹别克斯坦约 1/3 人口的安集延是一座历史文化名城，位于费尔干纳盆地东南部，历史上曾经是古代丝绸之路上最重要的贸易枢纽之一。然而，这里与乌兹别克斯坦首都塔什干之间却有山脉相隔。安集延人去首都塔什干，要么开上四五天车翻山越岭，要么坐火车绕道第三国。2013 年 9 月 5 日至 2016 年 2 月 25 日，中乌双方团结一心，精诚合作，攻坚克难，用 900 天时间打通了中亚最长的一条铁路隧道——"安格连—帕普"铁路卡姆奇克隧道。通车后，安集延到达塔什干仅需两小时，安集延人欢呼"一带一路"帮助他们解决了行路难这个千年难题。

正如这个故事所表明的，"一带一路"倡议旨在促进沿线各国经济繁荣与区域经济合作，加强不同文明交流互鉴，促进世界和平发展。自"一带一路"倡议提出以来，设施联通进展迅速，一批重大工程和国际产能合作项目纷纷落地。

# 目 录

## 一、可持续发展：设施联通与收益　　7
1. "一带一路"设施联通五年进展状况
2. 中国参与"一带一路"建设的标杆项目
3. "一带一路"基础设施建设为全球带来收益

## 二、全球基础设施互联互通的机遇与挑战　　21
1. 全球基础设施投资增长缓慢而需求巨大
2. 基础设施投资与融资前景

## 三、基础设施建设的未来　　27
1. 可持续发展目标（SDGs）与设施联通
2. 绿色发展理念与设施联通
3. 关于绿色基础设施建设的倡议

# 可持续发展：
# 设施联通与收益

基础设施建设是人类社会经济发展的基石，也是人类文明的凝结和重要载体，设施联通对促进全球的可持续发展至关重要。从古希腊的城堡，古埃及的美利斯水库，古罗马的供水系统，中国的长城、都江堰和大运河，到今天的北盘江大桥、港珠澳大桥、蒙内铁路等，都能看到基础设施对人类社会的深远影响。

从历史来到今天，联合国《2030年可持续发展议程》成为全世界共同的发展蓝图，其中有关基础设施的部分提出了到2030年需要实现的可持续发展目标：

人人普遍和公平获得安全和负担得起的饮用水；

确保人人都能获得负担得起的、可靠的现代能源服务；

增建基础设施并进行技术升级，以便根据发展中国家，特别是最不发达国家、小岛屿发展中国家和内陆发展中国家各自的支持方案，为所有人提供可持续的现代能源服务；

发展优质、可靠、可持续和有抵御灾害能力的基础设施，包括区域和跨境基础设施，以支持经济发展和提升人类福祉，重点是人人可负担得起并公平利用上述基础设施。

中国提出的"一带一路"倡议,正是一份融入了"绿色、健康、智力、和平"理念的通往人类共同未来的路线图。

## 1."一带一路"设施联通五年进展状况

共建"一带一路"五年来,设施联通方面取得了丰硕的成果。六大经济走廊和"多国多港"建设中的一些重大基础设施建设项目稳步推进,并在资源开发与生态保护领域成绩突出。

2017年"一带一路"国际合作高峰论坛通过的《"一带一路"国际合作高峰论坛圆桌峰会联合公报》显示,与会的国家和国际组织代表重申需要重点推动政策沟通、设施联通、贸易畅通、资金融通、民心相通,强调根据各国法律法规和相关国际义务,包括推动在公路、铁路、港口、海上和内河运输、航空、能源管道、电力、海底电缆、光纤、电信、信息通信技术等领域务实合作,欢迎新亚欧大陆桥、北方海航道、中间走廊等多模式综合走廊和国际骨干通道建设,逐步构建国际性基础设施网络。通过借鉴相关国际标准、必要时统一规则体制和技术标准等手段,实现基础设施规划和建设协同效应最大化;为私人资本投资基础设施建设培育有利、可预测的环境；在有利于增加就业、提高效率的领域促进公私伙伴关系；欢迎国际金融机构加强对基础设施建设的支持和投入。

从六大经济走廊和"多国多港"建设项目来看，一些重大基础设施建设项目稳步推进。例如莫斯科—喀山高铁项目和中蒙"两山"铁路已完成前期准备工作，中欧班列累计开行已超万列，喀喇昆仑公路二期扩建工程和巴基斯坦1号铁路干线的升级项目正在建设之中，中缅气、油管道项目分别于2013年和2017年完成，印度尼西亚雅加达到万隆的雅万高铁、泰国高铁、中老铁路等铁路项目都在进行中。此外，目前中国在非洲在建铁路的总里程数超过6000公里，在建公路的长度总和超过5000公里，还有一批港口和机场也在建设之中，完成的重点项目包括2017年5月通车的肯尼亚蒙巴萨到内罗毕的铁路，2017年7月通车的尼日利亚阿布贾到卡杜纳的阿卡铁路，2017年10月通车的从埃塞俄比亚到吉布提的亚吉铁路等。

就"多国多港"项目而言，中国公司参与到10多个国家、20多个港口的建设之中。比如巴基斯坦的瓜达尔港口建设进展顺利，瓜达尔港经济开发区第一期建设基本完成；缅甸的皎漂港建设已开工；斯里兰卡的汉班托塔港和科伦坡港口新城建设回到正轨；非洲吉布提的港口项目顺利进行。

从设施建设的类别来看，标志性成果突出。中欧班列自2011年开行以来，从无到有，快速发展，截至2018年8月26日，中欧班列累计开行数量达10000列，由中国国内的48个城市开行，到达欧洲的14个国家、40余个城市。在航空领域，截至2017年5月，中国民航已与43个沿线国家实现空中直航，国外航空公司新开18条"一带一路"沿线国家航线。在港口和海上物流领域，截至2017年5月，中国已与沿线36个国家及欧盟、东盟分别签订了双边海运/河运协定。随着消费品位和购买需求的不断提升，中国人正成长为世界海淘大军的主力。得益于设施联通的发展，越来越多的中国人体会到了海淘的便利与实惠。有关数据显示，中国人的海淘足迹已超100个国家和地区，海淘品类超过200万款。在跨境光缆领域，中国已与沿线12个国家建有34条跨境光缆和多条国际海缆。2017年12月3日，在第二届世界互联网大会上,中国与老挝、沙特、塞尔维亚、泰国、土耳其、阿联酋等国家相关部门共同发起了《"一带一路"数字经济国际合作倡议》,探讨共同利用数字机遇、应对挑战,致力于实现互联互通的"数字丝绸之路"。

从设施联通合作机制和合作平台角度看,一批成熟的机制和平台为设施互联互通提供了有力保障。2017年4月,中国铁路总公司倡导和推动中国、白俄罗斯、德国、哈萨克斯坦、蒙古国、波兰、俄罗斯七国铁路部门签署了《关于深化中欧班列合作协议》,纳入首届"一带一路"国际合作高峰论坛成果清单。随后,中欧班列运输协调委员会、中欧班列运输联合工作组等成立,标志着由中国铁路牵头创建的国际铁路合作机制正式建立,为中欧班列持续稳定发展提供了有力的机制保障。中国政府部门与有关国际组织还签署了"一带一路"合作文件,这些国际组织包括国际道路运输联盟、国际电信联盟、国际民航组织、国际海事组织等。

从国家间的双、多边合作和国际组织间的合作来看,中国与沿线国家深化项目合作,促进设施互联互通。这其中包括中国国家铁路局与巴基斯坦伊斯兰共和国铁道部签署了《关于实施巴基斯坦1号铁路干线升级改造和哈维连陆港项目建设的框架协议》，中国铁路总公司与白俄罗斯、德国、哈萨克斯坦、蒙古国、波兰、俄罗斯等国铁路部门签署了《关于深化中欧班列合作协议》，中国国家开发银行与印度尼西亚—中国高铁有限公司签署了《雅万高铁项目融资协议》，中国进出口银行与塞尔维亚财政部签署了匈塞铁路贝尔格莱德至旧帕佐瓦段贷款协议，全球能源互联网发展合作组织与联合国经济和社会事务部、联合国亚洲及太平洋经济社会委员会、阿拉伯国家联盟、非洲联盟、海湾合作委员会互联电网管理局签署了能源领域合作备忘录等。

"一带一路"倡议以联合国《2030年可持续发展议程》为引领，深入落实互联互通蓝图，采取多种务实举措，让"一带一路"沿线发展更加均衡，增长更可持续，社会更加包容。

## 2. 中国参与"一带一路"建设的标杆项目

自《推动共建丝绸之路经济带和21世纪海上丝绸之路的愿景与行动》发布以来，中国和"一带一路"沿线国家的基础设施合作进入了快车道。据中国商务部的统计，2017年全年，中国企业在"一带一路"沿线的61个国家新签对外承包工程合同额1443.2亿美元，占同期总额的54.4%，同比增长14.5%；完成营业额855.3亿美元，占同期总额的50.7%，同比增长12.6%。

"一带一路"基础设施合作对沿线国家经济发展的积极作用正在显现，一些建成的基础设施项目已经开始商业化运营，在东道国经济中发挥作用。"一带一路"倡议的共商共建共享理念在基础设施的互联互通中得到了很好的体现。

**（1）肯尼亚蒙巴萨—内罗毕标轨铁路**

肯尼亚的"世纪工程"——蒙巴萨—内罗毕标轨铁路（蒙内铁路）是肯尼亚实现《2030年国家发展愿景》的旗舰工程，也是肯尼亚独立以来的最大基础设施建设项目，连接肯尼亚首都内罗毕与东非最大港口蒙巴萨。蒙内铁路由中国路桥承建，体现出"中国制造"的诸多特点：

首先是高标准。蒙内铁路全长480公里，设计客运时速120公里、货运时速80公里，设计运力2500万吨，采用中国国铁一级标准进行设计施工。

其次是高效率。蒙内铁路建成后从内罗毕到蒙巴萨的时间原来10个小时缩短到4个多小时,给当地百姓的出行带来了便利,也让物流变得更为通畅,货物上午在蒙巴萨装车,下午就能运抵内罗毕,物流成本可降低10%—40%。

再次是载客多。2017年5月31日蒙内铁路投入运营,5个月后累计运送旅客量就超过42万人次。作为东非铁路网的开端,蒙内铁路的建成通车为肯尼亚乃至东非的繁荣发展铺就了一条快速路。

最后是暖人心。蒙内铁路是一条处处体现着绿色环保、改善民生的"暖心路"。根据设计规划,蒙内铁路要穿越肯尼亚最大的野生动物保护区——察沃国家公园。为此,中国路桥项目部聘请了专业公司咨询环保业务,开展环评工作,最大限度地减少项目对公园环境的负面影响。为维护动物与自然的和谐,尽量将铁路限定在既有交通走廊内;为保护动物正常迁徙,特意设计出14处大型动物通道,架设的桥梁高达7米,让个子最高的长颈鹿也能安全通过。除了桥梁式野生动物通道,蒙内铁路还在沟渠处设置了 100 多个涵洞，既方便斑马等大型动物饮水，也方便小型野生动物穿过铁路。

**（2）埃塞俄比亚至吉布提标准轨距铁路**

埃塞俄比亚至吉布提标准轨距铁路（亚吉铁路）是东非地区首条标准轨距电气化铁路，由中国中铁、中土集团承建并运营维护，2018 年 1 月 1 日开始商业化运营。在全面开通国际、国内客货商业运营后，埃塞俄比亚至吉布提陆路交通周转时间从原来的 1 周缩短至 1 天以内。

亚吉铁路还是一条充满国际人道主义精神的铁路，在建设期间就运输了超过 10 万吨国际人道主义救援粮食，为缓解埃塞俄比亚旱灾灾情发挥了积极的作用。

**（3）马来西亚槟城第二跨海大桥**

马来西亚槟城第二跨海大桥（槟城二桥）是连接马来西亚槟城和马来西亚大陆的第二座跨海大桥，全桥总长约 24 公里，双向四车道加双向摩托车道，是目前东南亚地区最长的跨海大桥。

槟城二桥亦是一条"暖心桥"。该桥设计施工总承包方中国港湾工程有限公司在环保方面投入 1000 万美元，采取了一系列环保措施。项目自开工至竣工，由第三方提交的 160 多份监测报告显示，施工活动对环境的影响均在控制指标范围内，无一超标，就连对海洋环境极其敏感的海豚，也时常在施工区域出没。槟城二桥项目环保管理的成果受到项目咨工、业主及中马两国政府部门的高度评价。

## 3. "一带一路"基础设施建设为全球带来收益

### （1）增加东道国就业机会

基础设施的开发带动了东道国的劳动力就业。在肯尼亚，蒙内铁路的建设和运营为当地人提供了大量的就业机会。铁路建设时期，有4万多肯尼亚人在项目上工作，当地员工占比超过90%。目前，有超过1500名当地人参与蒙内铁路的运营工作。在埃塞俄比亚，在中国交建一局海外公司承建的亚的斯亚贝巴机场扩建工程中，普通工作岗位上的本地工人是中国工人的3倍。

除了增加就业机会，中国企业在一些技术水平和管理水平要求很高的项目中，也高度重视东道国运营和技术团队的能力建设。为了确保蒙内铁路建成后能够运营良好，中国路桥公司委托宝鸡铁路技师学院与西南交通大学联合承办了肯尼亚首批7位女火车司机和100多位铁路列车员的培训工作。此外，中国路桥公司还在铁路全线建立了蒙内铁路人才培训试验基地，采用现场操作和理论学习两种方式，培养当地雇员，既为企业解决人才匮乏问题，也为肯尼亚储备铁路施工的可用之才。

### （2）提升东道国工业化能力

除了交通基础设施领域，中国企业还在沿线广泛支持产能合作，承建和投建工业园，旨在提升东道国的工业化能力。埃塞俄比亚东方工业园是中国在埃塞俄比亚唯一的一家国家级境外经贸合作区，位于埃塞俄比亚奥罗莫州，距离埃塞俄比亚首都亚的斯亚贝巴和博莱国际机场30公里，距离吉布提港850公里。园区内现有企业50家，其中包括联合利华等6家外资企业。

### （3）助力跨国公司发展

很多跨国公司在"一带一路"基础设施合作的快速发展中获益。成立于1925年的美国卡特彼勒公司，是全球最大的工程机械和矿山设备生产厂家、燃气发动机和工业用燃气轮机生产厂家之一，也是世界上最大的柴油机厂家之一。在中国提出"一带一路"倡议之后，卡特彼勒对这一历史性的机遇做出了积极响应，2016年卡特彼勒发布了《"一带一路"：共赢的愿景和承诺》白皮书。在"一带一路"沿线，卡特彼勒依托其代理商，为中国与其他国家的基础设施建设项目提供设备支持，同时也将环境可持续性解决方案融入公司以及代理商的长期经营中，积极分享其全球经验与风险管理工具，倡导为当地利益相关方创造价值。卡特彼勒从"一带一路"基础设施合作的快速发展中获益。2017年，卡特彼勒来自亚太区、欧洲、非洲、中东的销售收入占全部销售收入的46%，超过北美市场，当年亚太市场收入的增长率达到39.5%，为所有市场中增长最快。卡特彼勒公司首席执行官吉姆·昂普尔比认为，"一带一路"倡议颇具远见，将为沿线国家带来巨额投资，同时也将使参与国家和企业获益。他说："我们与中国诸多国有企业一起，在道路、港口、矿产和油田等多个领域展开合作，项目涉及20多个'一带一路'沿线国家。"

总部位于德国、具有200多年历史的西马克集团，是全球规模最大的冶金设备制造企业。西马克集团已服务了无数的中国大中小型钢铁和有色金属企业，业务涵盖了冶金设备及环保技术、平材设备及炉子、长材轧机及锻造设备、带钢处理线、保尔沃特冶金和电气自动化六大部门及设备的生产、运维和服务。西马克集团积极参与"一带一路"建设，为中国冶金工业提供从传统机械设备到智能制造、大数据分析与应用、云平台等新概念的完整解决方案。西马克集团也与"一带一路"上的其他多个国家和多个冶金项目进行了沟通、交流和合作。

通用电气(GE)在全球180多个国家和地区开展业务，在能源基建领域与中国企业有着20多年的合作，作为中国基建总承包(EPC)企业的长期合作伙伴，GE已与中国相关企业合作向海外市场提供了140余台重型燃气轮机、50余台蒸汽轮机、200多台风机、电厂控制和油气管线设备，以及其他基础设施技术和解决方案。2017年11月，GE旗下能源投资部门与丝路基金共同出资5亿美元组建联合投资平台，以股权形式投资于"一带一路"沿线国家和地区的绿色能源领域。GE中国推出"联合市场开发、联合投融资、联合运营"的"三个联合"战略，希望与中国企业共同参与建设"一带一路"。

# 全球基础设施互联互通的机遇与挑战

"一带一路"是一片充满希望的热土。目前，"一带一路"沿线国家大多数处在工业化的初、中期发展阶段，有的还处于农业社会向工业社会的过渡期，十分需要其他国家提供资本、技术等生产要素和工业制成品来满足其工业化发展需求。沿线国家在基础设施建设、农业发展、资金和人力资源等方面特别需要寻求对外合作。然而，"一带一路"沿线的东亚、东南亚、南亚、中东、东北非、中亚、东南欧等诸多经济板块之间发展水平和发展阶段存在显著差异，这对区域协同和整合带来挑战。

## 1. 全球基础设施投资增长缓慢而需求巨大

基础设施是全球竞争实力、经济繁荣及社会安定的基石。根据世界银行估算预测，目前全球约有12亿人口用不上电，24亿人口缺乏基本的卫生服务。经济合作与发展组织（OECD 2006）测算，受城镇化、人口增长以及发达国家和发展中国家的需求推动，到2030年，全球基础设施需求将达65万亿—70万亿美元。

这一问题在发展中国家尤为严重，"一带一

路"沿线国家之间发展水平差异较大,基础设施资金缺口巨大、基础设施投资发展不平衡问题十分严重。公路、铁路、港口等基础设施分布严重不均,难以满足经贸合作的要求。因此对于多数发展中国家而言,交通互联设施仍然是制约区域和跨洲性质合作升级的一大短板。

在基础设施建设的支持体系上,现有的以联合国框架为基础的多边发展合作和援助体系,以及区域性和双边的国际发展合作机制存在缺陷,所提供的支持在力度、范围和持续性上远远满足不了现实的需求。在很长一段时期,发展援助是由发达国家主导的对发展中国家的单向输出,观念和策略的选择时常偏离发展中国家的历史和现实,往往也限制了发展合作的效果。

"一带一路"倡议提出后,中国加强了与沿线国家和地区在公路、铁路、航空、海运、能源和信息基础设施等基建领域的合作,共同建设联通多国的跨境基础设施,以及连接地区乃至全球的基础设施联通网络,为地区和全球经济一体化提供了新的机遇。

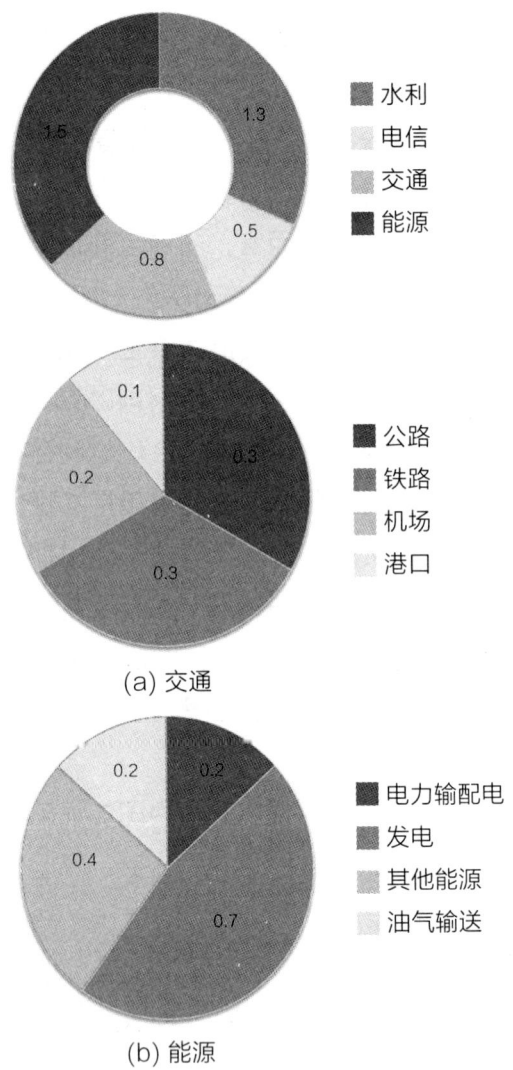

图 1 至 2030 年全球基础设施投资需求及其占比

数据来源：OECD（2006,2007,2012）、WEF（2012）、Inderst (2013)

## 2. 基础设施投资与融资前景

基础设施的种类繁多,包括交通、电信、电力、能源管道、供水和卫生设施等硬件基础设施。其中,交通和能源行业为区域基础设施发展的两个重要驱动因素。中国企业在交通基础设施、产能合作、承建和投建工业园等方面提供广泛支持,以提升东道国的工业化水平和能力。2018年9月,美国威廉与玛丽学院下属援助行动调查追踪机构发布报告说,中国资助的互联互通基础设施投资项目,能够为区域创造更公平的经济活动分配,减少了项目参与方地区内部和地区之间的经济差距和发展不平衡。

许多发展中国家甚至发达国家基础设施建设的瓶颈之一就是融资约束。建立金砖国家新开发银行、亚洲基础设施投资银行,发挥丝路基金作用,将持续为"一带一路"建设提供有力的融资支持。中国也积极为"一带一路"沿线国家的基础设施建设提供信贷支持,如中国进出口银行发放的"两优"贷款,非洲的蒙内铁路、亚吉铁路、卡鲁玛水电站等十大项目都从中受益。

然而,尽管东道国投资需求旺盛,企业在当地基础设施投资建设中仍面临不小的融资风险。如中国企业对"一带一路"沿线国家的基础设施投资,主要通过设立产业园、新投工厂来进行跨境产业合作。但由于一些国家政局不稳、政策多变、投资环境和市场环境欠佳,导致商业贷款不愿介入,私营资本望而却步,企业面临融资难等问题。不仅如此,目标国货币贬值、汇率变化等也是企业投资中要承担的风险。特别是一些民营企业,由于在信贷、保险等领域缺乏支持,抗风险能力较差,在经济波动过程中容易成为最直接的受害方。

# 基础设施建设的未来

中国在提出"一带一路"倡议时，一直强调推进生态文明建设的理念。2013年9月，中国国家主席习近平在哈萨克斯坦纳扎尔巴耶夫大学发表演讲时提出，"既要绿水青山，也要金山银山"，阐明了中国生态文明建设尊重自然、顺应自然、保护自然的理念。2015年3月，《推动共建丝绸之路经济带和21世纪海上丝绸之路的愿景与行动》则进一步明确指出，要"在投资贸易中要突出生态文明理念，加强生态环境、生物多样性和应对气候变化合作，共建绿色丝绸之路"。

绿色发展已成为世界各国发展的共识，联合国《2030年可持续发展议程》旨在共同提高全人类福祉，明确提出绿色基础设施建设与生态环保的具体目标，为未来十几年全球绿色基础设施建设和可持续发展合作指明了方向。"一带一路"基础设施建设绿色化将有力促进沿线国家实现《2030年可持续发展议程》环境目标。

## 1. 可持续发展目标（SDGs）与设施联通

基础设施互联互通是"一带一路"建设的优先领域。2017年5月，习近平主席在"一带一路"国际合作高峰论坛开幕式上发表主旨演讲指出,设施联通是合作发展的基础,要着力推动陆上、海上、天上、网上四位一体的联通,聚焦关键通道、关键城市、关键项目,联结陆上公路、铁路道路网络和海上港口网络,中国将为"一带一路"注入强大动力,为世界发展带来新的机遇。

联合国《2030年可持续发展议程》第7项目标明确提出:到2030年,确保人人都能获得负担得起的、可靠的现代能源服务;增建基础设施并进行技术升级……第9项目标指出:发展优质、可靠、可持续和有抵御灾害能力的基础设施,包括区域和跨境基础设施,以支持经济发展和提升人类福祉,重点是人人可负担得起并公平利用上述基础设施。

中国通过"一带一路"倡议推动沿线国家基础设施的可持续发展,这不仅为发展中国家的基础设施建设和经济发展提供了有益的启示,契合"一带一路"沿线国家的实际需要,也和联合国可持续发展目标高度一致,并能真正改善由于全球经济衰退所导致的公共产品供应不足的问题。

## 2. 绿色发展理念与设施联通

作为经济发展的"主动脉",基础设施的可持续性在"一带一路"建设过程中起着至关重要的作用。一方面,完善的基础设施能够提供便利的交通运输条件、通信条件以及生产条件,从而降低贸易成本,推动国家经济增长;另一方面,基础设施建设对生态环境的影响较大,有时甚至是不可逆的影响。因此,全球建设绿色基础设施势在必行,这有利于社会环境的可持续性。

2015年中国政府发布《生态文明体制改革总体方案》,提出加快推进生态文明建设,正确处理人与自然关系,保障生态安全,改善环境质量,提高资源利用效率,推动形成人与自然和谐发展的现代化建设新格局。2017年,中国环境保护部、外交部、国家发展改革委、商务部联合发布《关于推进绿色"一带一路"建设的指导意见》,提出在"一带一路"建设中突出生态文明理念,推动绿色发展,加强生态环境保护,共同建设绿色丝绸之路。

2017年5月,习近平主席在"一带一路"国际合作高峰论坛开幕式上发表主旨演讲强调,要践行绿色发展的新理念,倡导绿色、低碳、循环、可持续的生产生活方式，加强生态环保合作，建设生态文明，共同实现 2030 年可持续发展目标。

联合国《2030 年可持续发展议程》将建设可持续的基础设施确定为 17 项主要发展目标之一。2016 年 9 月，中国政府在有关气候变化的《巴黎协定》中做出了全球气候变化和碳减排工作的庄严承诺，全球智慧城市发展的大趋势，要求国际承包商建设绿色化、生态化、可持续发展的基础设施项目。

## 3. 关于绿色基础设施建设的倡议

为共同建设"绿色丝绸之路"，推动绿色发展，加强生态环境保护，中国关于基础设施建设绿色化有如下的思考：

推动达成基础设施建设绿色化共识。以生态文明和绿色发展理念引领"一带一路"基础设施建设，切实推进设施联通的绿色化目标，通过绿色基础设施建设推动生态环保合作，打造利益共同体、责任共同体和命运共同体，促进经济发展与环境保护双赢。

共建绿色基础设施合作机制和合作平台。充分利用现有多双边合作机制，开展政府间高层对话，深化绿色基础设施建设理念、法律法规、政策、标准、技术等领域的对话和交流，推动共同制定实施双边、多边、次区域和区域生态环保战略与行动计划。充分利用中国—东盟、上海合作组织、中非合作论坛、中阿合作论坛等合作机制，强化绿色基础设施建设交流，扩大与相关国际组织和机构的合作，建设政府、企业、智库、社会组织和公众共同参与的多元合作平台。

共同制定基础设施建设的环保标准和规范。推进绿色基础设施建设，加大对"一带一路"沿线重大基础设施建设项目的生态环保服务与支持，推广绿色交通、绿色建筑、清洁能源等行业的节能环保标准和实践，推进生态产业园区建设，推动水、大气、土壤、生物多样性等领域环境保护，促进环境基础设施建设，提升绿色化、低碳化建设和运营水平。

强化企业行为绿色指引。推动企业自觉遵守当地环保法规和标准规范，履行企业环境责任。引导企业开发使用低碳、节能、环保的材料与技术工艺，推进循环利用，减少在生产、服务和产品使用过程中污染物的产生和排放。在铁路、电力、汽车、通信、新能源、钢铁等行业，指导企业根据当地要求开展环境影响评价和环境风险防范工作，加强生物多样性保护。鼓励企业借助移动互联网、物联网等技术，定期发布环境社会责任报告。

分享绿色基础设施建设实践经验。推广基础设施环境友好型技术，合作建设"一带一路"绿色基础设施项目大数据服务平台，加强信息共享。构建绿色基础设施建设合作智力支撑体系，提高智库、科研机构等绿色基础设施战略制定、政策对接、投资咨询服务等方面的参与度，推进沿线国家国内和国际智库、智库与政府部门、智库与企业以及智库与环保社会组织之间的交流与对话，推动科研机构、智库联合构建绿色基础设施研究平台。

# "一带一路"这五年的故事丛书编委会

主　　编：刘　伟
主　　任：王利明　裘国根　刘元春　庄毓敏
执行主编：王　文
编　　委：周洛华　董希淼　胡海滨　贾晋京　杨清清　庄雪娇
本册执笔人：杨凡欣

图书在版编目（CIP）数据

设施联通：全球发展阶梯 / 刘伟主编 . — 北京：外文出版社，2019.3
（"一带一路"这五年的故事）
ISBN 978-7-119-11826-0
Ⅰ. ①设… Ⅱ. ①刘… Ⅲ. ①"一带一路" – 基础设施建设 –
国际合作 – 研究 Ⅳ. ① F125 ② F299.1
中国版本图书馆 CIP 数据核字 (2019) 第 043010 号

出版策划：胡开敏
执行主编：王　文
特约编辑：胡海滨
责任编辑：熊冰颐
装帧设计：北京大盟文化艺术有限公司
内文排版：北京维诺传媒文化有限公司
印刷监制：章云天

## 设施联通：全球发展阶梯

刘　伟　主编

© 2019 外文出版社有限责任公司
出 版 人：徐　步
出版发行：外文出版社有限责任公司
地　　址：中国北京西城区百万庄大街 24 号　邮政编码：100037
网　　址：http://www.flp.com.cn　电子邮箱：flp@cipg.org.cn
电　　话：008610-68320579（总编室）
　　　　　008610-68327750（版权部）
　　　　　008610-68995852（发行部）
　　　　　008610-68996064（编辑部）
印　　刷：北京飞达印刷有限责任公司
经　　销：新华书店 / 外文书店
开　　本：880mm×1230mm 1/32
字　　数：17 千字
版　　次：2019 年 4 月第 1 版第 1 次印刷
书　　号：ISBN 978-7-119-11826-0
定　　价：28.00 元

版权所有　侵权必究　如有印装问题本社负责调换（电话：68996172）